SNEAKY PRESS

©Copyright 2023
Pauline Malkoun

The right of Pauline Malkoun to be identified as author of this work has been asserted by them in accordance with Copyright, Designs and Patents Act 1988.

All Rights Reserved.

No reproduction, copy or transmission of this publication may be made without written permission.
No paragraph of this publication may be reproduced, copied or transmitted save with the written permission of the publisher, or in accordance with the provisions of the Copyright Act 1956 (as amended).

Any person who commits any unauthorized act in relation to this publication may be liable to criminal prosecution and civil claims for damages.

A catalogue record for this work is available from the National Library of Australia.

ISBN 9781922641878

Sneaky Press is the imprint of Sneaky Universe.
www.sneakyuniverse.com
First published in 2023

Sneaky Press
Melbourne, Australia.

Das Buch der zufälligen Sprachfakten

Sneaky Press

Inhalte

Zufällige Fakten über Sprache　　　　　6

Zufällige Fakten über Sprachfamilien　　　　　12

Zufällige Fakten über Interpunktion　　　　　22

Zufällige Fakten über Sprache

Die Sprache mit den meisten Muttersprachlern ist Mandarin-Chinesisch.

Die am häufigsten von Nicht-Muttersprachlern gesprochene Sprache ist Englisch.

Die am meisten gesprochene Sprache ist Englisch.

Sprache verändert sich ständig.

Es wird angenommen, dass die schwierigste zu erlernende Sprache Baskisch ist, eine Sprache, die im Nordwesten Spaniens und im Südwesten Frankreichs gesprochen wird. Es hat ein außergewöhnlich kompliziertes Vokabular- und Grammatiksystem und scheint nicht mit einer anderen Sprache auf der Welt verwandt zu sein.

Das Land mit den meisten gesprochenen Sprachen ist Papua-Neuguinea, das 820 lebende Sprachen hat.

Sprachen existieren seit etwa 100.000 v. Chr.

Zeitpunkt des Drucks im Jahr 2021 werden weltweit 7139 Sprachen gesprochen.

Die Amtssprache eines Landes ist die Sprache, in der eine Regierung Geschäfte führt.

Es gibt nur ein afrikanisches Land, in dem die gesamte Bevölkerung dieselbe Sprache spricht, Somalia. Sie sprechen alle Somali.

Südafrika hat 11 Amtssprachen.

Viele afrikanische Sprachen enthalten einen "Klick"-Laut, der gleichzeitig mit anderen Lauten ausgesprochen wird. Sprachen, die "Klick"-Laute enthalten, müssen in der Kindheit erlernt werden, um fließend zu werden.

Auf dem afrikanischen Kontinent werden mehr als 1.000 verschiedene Sprachen gesprochen.

Die Bibel ist das am häufigsten übersetzte Buch.

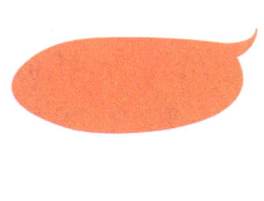

Die ältesten noch existierenden Schriftsprachen sind Chinesisch oder Griechisch aus etwa 1500 v. Chr.

Das am häufigsten übersetzte Dokument ist die Allgemeine Erklärung der Menschenrechte, die 1948 von den Vereinten Nationen verfasst wurde und in 321 Sprachen und Dialekte übersetzt wurde.

Die häufigsten Konsonantenlaute in den Weltsprachen sind /p/, /t/, /k/, /m/ und /n/.

Die Hälfte der Weltbevölkerung spricht eine der 10 größten Weltsprachen als Muttersprache.

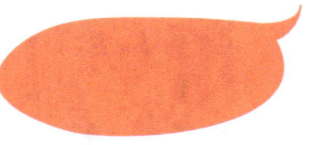

600 Jahre lang war Französisch die Amtssprache Englands.

Die erste jemals geschriebene Sprache ist Sumerisch aus etwa 3200 v. Chr.

Alle Piloten identifizieren sich auf internationalen Flügen auf Englisch.

Die Sprache mit den meisten Wörtern ist Englisch mit etwa 250.000 verschiedenen Wörtern.

Die am weitesten verbreitete Veröffentlichungssprache ist Englisch.

Die Sprache mit den wenigsten Wörtern ist Taki Taki (auch Sranan genannt) mit nur 340 Wörtern. Taki Taki ist ein englischbasiertes Kreol. Es wird von 120.000 Menschen im südamerikanischen Land Suriname gesprochen.

Zufällige Fakten über Sprachfamilien

Sprachen werden aufgrund ihres gemeinsamen Vorfahren, von dem sie sich entwickelt haben, nach Ähnlichkeiten klassifiziert.

Die indoeuropäische Sprachfamilie ist in kleinere Familien unterteilt, die Sprachen umfassen, die in Indien, Pakistan, Iran und fast ganz Europa gesprochen werden.

Ähnlichkeiten zwischen der alten indischen Sprache Sanskrit, Latein und Griechisch wurden im frühen 18. Jahrhundert festgestellt.

Die indo-iranische Familie umfasst Sprachen wie Urdu, Hindi, Bengali und Punjabi, die im Norden Indiens und Pakistans gesprochen werden. Persisch und Kurdisch sind ebenfalls Teil der indo-iranischen Sprachgruppe.

Die ursprüngliche Sprache der romanischen Sprachgruppe war Latein. Dazu gehören unter anderem Spanisch, Portugiesisch, Französisch, Italienisch und Rumänisch.

Die germanische Sprachgruppe umfasst die skandinavischen Sprachen (Schwedisch, Dänisch, Norwegisch, Isländisch und Färöisch) sowie Englisch, Deutsch, Niederländisch, Flämisch (das in einem Teil Belgiens gesprochen wird) und Afrikaans (das mit Niederländisch verwandt ist und in Südafrika gesprochen wird).

Die slawische Sprachgruppe umfasst Russisch, Weißrussisch, Ukrainisch, Polnisch, Tschechisch, Slowakisch, Bulgarisch, Serbisch, Kroatisch.

Die griechische Sprachgruppe umfasst moderne und ältere Formen des Griechischen.

Die keltische Sprachgruppe umfasst Bretonisch, Irisch-Gälisch, Walisisch und Schottisch-Gälisch.

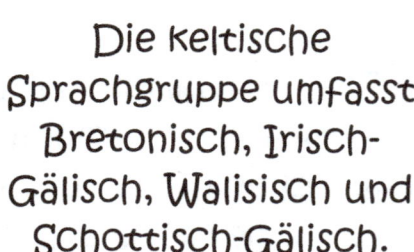

Die baltische Sprachgruppe umfasst Lettisch und Litauisch.

Die finno-ugrische Sprachgruppe umfasst Finnisch, Estnisch, Saami und Ungarisch.

Die Sprache des Baskischen hat soweit wir wissen keine bekannten Sprachverwandten.

Die Turk-Sprachgruppe umfasst Türkisch, Aserbaidschanisch, Usbekisch und Kasachisch.

Die afro-asiatische Sprachfamilie ist im Norden und Osten Afrikas zu finden. Diese Familie wird normalerweise in fünf Untergruppen unterteilt, wobei die semitische Sprachgruppe am häufigsten vorkommt. Dies ist die Familie von Arabisch, Hebräisch, Amharisch und Tigrinya sowie der längst ausgestorbenen ägyptischen Sprache, die für ihre Hieroglyphen bekannt ist.

Die Niger-Kongo-Sprachfamilie wird normalerweise in zehn Untergruppen unterteilt, wobei jede Untergruppe mehrere hundert Sprachen umfasst.

Die Khoisan-Sprachfamilie wird im südlichen Afrika gesprochen. Diese Sprachen enthalten die Klick-Laute.

Die nilo-saharanische Sprachfamilie umfasst alle anderen in Afrika gesprochenen Sprachen.

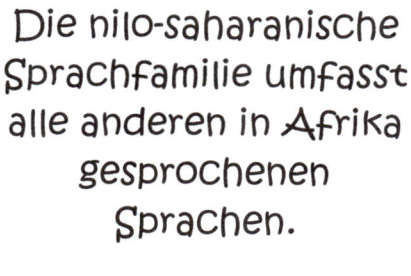

Es umfasst die Nilo-Sprachgruppe, die aus etwa 150 Sprachen besteht, die von Menschen in Ostafrika gesprochen werden. Die saharische Sprachgruppe umfasst 10 Sprachen, die in Tschad, Niger und Libyen gesprochen werden.

Die größte Familie des Niger-Kongo ist die Bantu-Sprachfamilie. Diese Sprachen werden im subsaharischen Afrika gesprochen und umfassen Swahili.

Die malayo-polynesische Sprachfamilie umfasst Sprachen, die in Asien und Ozeanien gesprochen werden. Dazu gehören Sprachen wie Javanisch, Indonesisch, Tagalog (auf den Philippinen) und Malaiisch, die zur westlichen Zweig der malayo-polynesischen Sprachfamilie gehören.

Der östliche Zweig umfasst die Sprachen der mikronesischen, polynesischen und melanesischen Gemeinschaften, einschließlich der auf Fidschi gesprochenen Sprachen und der Maori-Sprache Neuseelands.

Die dravidische Sprachfamilie wird im südlichen Indien gesprochen und umfasst Tamil und Telugu.

Die australische Sprachfamilie umfasst die über 250 indigenen Sprachen, die von den First Nations People of Australia gesprochen werden. Dazu gehören Walpiri, Arrernte, Kuwarra und Nyangumarda.

Die sino-tibetische Sprache umfasst die Sprachen Chinas wie Mandarin Hakka, Wu und Yue (Kantonesisch) sowie Burma, Tibet und Taiwan. Die Beziehungen zwischen den Sprachen dieser Familie sind jedoch unklar und umstritten.

Wie Baskisch haben auch Japanisch und Koreanisch keine bekannten Verwandten.

Es wird angenommen, dass Thai und Vietnamesisch entfernte Verwandte sind.

Die Beziehung zwischen den etwa 700 auf Papua-Neuguinea gesprochenen Sprachen (der Papuan-Sprachgruppe) ist unbekannt. Sie wurden aufgrund ihrer geografischen Nähe zu einer Familie zusammengefasst.

Die amerikanische Indianersprachfamilie besteht aus etwa 20 Sprachfamilien mit einigen wenigen Sprachen in jeder der indigenen Völker Amerikas. Diese Familie umfasst Quechua, das in Bolivien und Peru gesprochen wird, und Guaraní, das in Paraguay gesprochen wird.

Zufällige Fakten über Interpunktion

Das @-Zeichen hat eine Reihe von (lustigen) Namen. In den Niederlanden heißt es "Affenschwanz", in Israel "Strudel", auf Russisch "Kleiner Hund", auf Italienisch "Kleine Schnecke" und auf Bosnisch "verrücktes A".

heißt eigentlich Oktotorp, weil es acht Punkte hat.

Das Ausrufezeichen bekam erst in den 1970er Jahren eine eigene Schreibmaschinentaste.

Der "Punkt" existiert seit dem 3. Jahrhundert v. Chr. Und wurde früher oben an einer Zeile platziert statt unten.

Es wird angenommen, dass das Komma und der Punkt von demselben Mann erfunden wurden - Aristophanes von Byzanz - um Schauspielern zu zeigen, wie einzelne Textpassagen gelesen werden sollten.

Ampersand war früher der 27. Buchstabe des englischen Alphabets (es bedeutete 'und').

Frühes Schreiben hatte keine Interpunktion (oder Leerzeichen)

Weitere Titel in der Zufallswissen-Reihe

www.ingramcontent.com/pod-product-compliance
Lightning Source LLC
Chambersburg PA
CBHW081737100526
44591CB00016B/2648